Für ....

Von ....

Alles Schöne, alles Gute,
alles Glück auf dieser Welt;
bleib gesund und bleibe fröhlich,
tue das, was dir gefällt.

Poesiealbumspruch

Man braucht im Leben
nicht nur Geld allein,
man braucht auch
Liebe, Freude, Glück –
von allem wünsch ich dir ein Stück!

François Rabelais

Wo immer das Glück sich aufhält,
hoffe, ebenfalls dort zu sein.
Wo immer jemand freundlich lächelt,
hoffe, dass sein Lächeln dir gilt.
Wo immer die Sonne aus den Wolken
hervorbricht, hoffe, dass sie
besonders für dich scheint,
damit jeder Tag deines Lebens
so hell wie nur möglich sei.

Irischer Segenswunsch

Vertraue auf dein Glück –
und du ziehst es herbei.

Lucius Annaeus Seneca

Zerre deine Gedanken weg von
deinen Sorgen, an den Ohren,
den Füßen oder auf sonst eine Art,
die dir recht ist. Das ist das Gesündeste,
was ein Körper tun kann.

Mark Twain

Das Licht der Sonne
scheine auf deine Fensterbank.
Dein Herz sei voll Zuversicht,
dass nach jedem Gewitter
ein Regenbogen am Himmel steht.
Der Tag sei dir freundlich,
die Nacht dir wohlgesonnen.
Die starke Hand eines Freundes
möge dich halten,
und dein Herz möge erfüllt sein
mit Freude und glücklichem Sinn.

Irischer Segenswunsch

Hab Sonne im Herzen, ob's stürmt oder schneit,
ob der Himmel voll Wolken, die Erde voll Streit …
Hab Sonne im Herzen, dann komme, was mag:
Das leuchtet voll Licht dir den dunkelsten Tag!

Cäsar Flaischlen

Aufgabe des Lebens,
seine Bestimmung ist Freude.
Freue dich über den Himmel,
über die Sonne, über die Sterne,
über Gras und Bäume,
über die Tiere und die Menschen.

Leo N. Tolstoi

Will das Glück nach seinem Sinn
dir was Gutes schenken,
sage Dank und nimm es hin
ohne viel Bedenken.

Jede Gabe sei begrüßt,
doch vor allen Dingen:
Das, worum du dich bemühst,
möge dir gelingen.

Wilhelm Busch

Jeder neue Tag hat zwei Griffe.
Wir können ihn
am Griff der Ängstlichkeit oder
am Griff der Zuversicht halten.

Henry Ward Beecher

Wenn du am Morgen erwachst,
denke daran,
was für ein köstlicher Schatz es ist,
zu leben, zu atmen und
sich freuen zu können.

Marc Aurel

Das Beste,
was wir auf der Welt tun können,
ist Gutes tun, fröhlich sein
und die Spatzen pfeifen lassen.

Don Bosco

Lächle,
denn es gibt einen Frühling
in deinem Garten, der die Blüten bringt,
einen Sommer, der die Blätter tanzen
und einen Herbst,
der die Früchte reifen lässt.

Aus Arabien

Kein Leben ist so schwer,
dass du es nicht durch die Art,
wie du es nimmst,
leichter machen kannst.

Ellen Glasgow

Plane das Schwierige da,
wo es noch leicht ist.
Tue das Große da,
wo es noch klein ist.
Alles Schwere auf Erden
beginnt stets als Leichtes.
Alles Große auf Erden
beginnt stets als Kleines.

Laotse

Fang immer gleich heute an.

Mary Wollstonecraft

Gib jedem Tag
die Chance,
der schönste
deines Lebens
zu werden.

Mark Twain

Rosen pflücke, Rosen blühn,
morgen ist nicht heut!
Keine Stunde lass entfliehn –
flüchtig ist die Zeit!

Trink und küsse! Sieh, es ist
heut Gelegenheit!
Weißt du, wo du morgen bist?
Flüchtig ist die Zeit!

Aufschub einer guten Tat
hat schon oft gereut!
Hurtig leben, ist mein Rat.
Flüchtig ist die Zeit!

Johann Wilhelm Ludwig Gleim

Glaube an
Wunder, Liebe und Glück.
Schau nach vorne und nicht zurück.
Lebe dein Leben und steh dazu,
denn dieses Leben, das lebst nur du!

Poesiealbumspruch

Träume dir dein Leben schön
und mach aus diesen Träumen
eine Realität.

Marie Curie

Ich wünsche dir Glück zu deinem Traum.

Heinrich Wilhelm von Gerstenberg

Man muss immer
etwas haben,
worauf man sich freut.

Eduard Mörike

Das größte Glück im Leben:
sich über alles immer wieder
freuen können,
als ob es das erste Mal wäre.

Josef Meinrad

Ich wünsche dir schöne Träume
und schönere Wirklichkeit
und üppige Blütenbäume
und stete Fröhlichkeit.

Friederike Kempner

Ich wünsche dir, dass du liebst,
als hätte dich noch nie jemand verletzt,
dass du tanzt, als würde keiner hinschauen,
dass du singst, als würdest du die Welt
um dich herum vergessen,
dass du lebst, als wäre das Paradies auf Erden.

Irischer Segenswunsch

Weißt du,
worin der Spaß des Lebens liegt?
Sei lustig!
Geht das nicht,
so sei vergnügt.

Johann Wolfgang von Goethe

BLUE FLOWERS
Dianthus caesius Sm.
HYDRANGEA Otaksa
BLANCHE DES ALPES
Jn GIRAUD FILS
Parfumeur Distillateur
DANMARK
70
80

Halte dir jeden Tag 30 Minuten
für deine Sorgen frei und
in dieser Zeit mache ein Nickerchen.

Abraham Lincoln

Willst du glücklich sein,
dann verzichte auf unnütze Geschäftigkeit.
Halte inne, beruhige deinen Geist und
lausche deinem Leben.

Buddhistische Weisheit

Nimm's nicht zu schwer, das bunte Leben,
dann trägt's dich leicht ein gutes Stück.
Wer lächeln kann, kann viel vergeben –
und Viel-Vergeben baut ein Glück!

Rudolf Presber

Mögest du ein Lied in deinem Herzen haben,
ein Lächeln auf deinen Lippen tragen und
nichts als Freude in deinen Händen halten.

Irischer Segenswunsch

Betrachte immer
die helle Seite der Dinge!
Und wenn sie keine haben,
dann reibe die dunkle, bis sie glänzt.

Sprichwort

Ich muss nicht unbedingt gewinnen,
aber ich muss ehrlich sein.
Ich muss nicht unbedingt erfolgreich sein,
aber ich muss nach dem Licht streben,
das in mir ist.

Abraham Lincoln

Freude soll nimmer schweigen,
Freude soll offen sich zeigen,
Freude soll lachen, glänzen und singen.
Freude soll danken ein Leben lang.
Freude soll dir die Seele durchschauern.
Freude soll weiterschwingen.
Freude soll dauern
ein Leben lang.

Joachim Ringelnatz

Man muss **glücklich** sein,
um **glücklich** zu machen.
Und man muss **glücklich** machen,
um **glücklich** zu bleiben.

Maurice Maeterlinck

Das Schicksal kennt zwei Wege,
uns das Leben schwer zu machen –
indem es uns unsere Wünsche verwehrt
oder indem es sie erfüllt.

Henri Frederic Amiel

Wünsche sind nie klug,
das ist sogar das Beste an ihnen.

Charles Dickens

Trage immer
einen grünen Zweig im Herzen,
dann wird sich ein Singvogel
darauf niederlassen.

Aus China

Nimm dir die Zeit,
die stillen Wunder zu feiern,
die in der lauten Welt
keine Bewunderer haben.

Irischer Segenswunsch

Mögen deine Gedanken manchmal
mitten am Tag auf eine Reise gehen,
in ferne Welten eintauchen,
fremd und verlockend, bunt und schön.

Irischer Segenswunsch

Das Geheimnis des Glücks
ist die Freiheit,
und das Geheimnis der Freiheit
ist der Mut.

Thukydides

Ursprünglich eignen Sinn
lass dir nicht rauben!
Woran die Menge glaubt,
ist leicht zu glauben.

Johann Wolfgang von Goethe

Also spricht der Fatalist:
Du musst werden, wie du bist.
Widerstreben ist vergebens.
Der Gebieter allen Lebens
gab dir schon von Anbeginn
deinen Wunsch und Eigensinn,
bald mit ja und bald mit nein,
gerade so und so zu sein.

Wilhelm Busch

Wir alle haben unser eigenes Leben,
das wir verfolgen,
unsere eigene Art von Träumen,
die wir weben,
und wir alle haben die Macht,
Wünsche in Erfüllung gehen zu lassen,
solange wir daran glauben.

Louisa May Alcott

Ich wünsche dir immer
einen heiteren Himmel über allem,
was du gerne tust, über den Dingen,
die du liebst.

Irischer Segenswunsch

Keine Angst vor deiner Fantasie!
Kein Vogel kann zu hoch fliegen,
wenn er seine eigenen Flügel benutzt.

William Blake

Sei heiter und vergnügt

und nimm teil an der Freude der anderen.
Dabei fällt dann immer auch
etwas eigene Freude ab.

Theodor Fontane

Ich wünsche dir
die zärtliche Ungeduld des Frühlings,
das milde Wachstum des Sommers,
die stille Reife des Herbstes
und die Weisheit des erhabenen Winters.

Irischer Segenswunsch

Vergiss nicht –
man braucht nur
wenig, um ein
glückliches Leben
zu führen.

Marc Aurel

Wenn du erkennst,
dass es dir an nichts fehlt,
gehört dir die ganze Welt.

Laotse

Leben alleine ist nicht genug,
Sonne, Freiheit und
eine kleine Blume braucht man.

Hans Christian Andersen

Ich wünsche dir die Fröhlichkeit eines Vogels
im Ebereschenbaum am Morgen,
die Lebensfreude eines Fohlens auf der Koppel
am Mittag, die Gelassenheit eines Schafes
auf der Weide am Abend.

Irischer Segenswunsch

Ich wünsch dir die schönsten
Vergnügungen dieser Welt:
sich in Gesundheit aalen,
im Geld schwimmen,
im Erfolg sonnen,
in Liebe tauchen
und in Glück baden!

Kalenderspruch

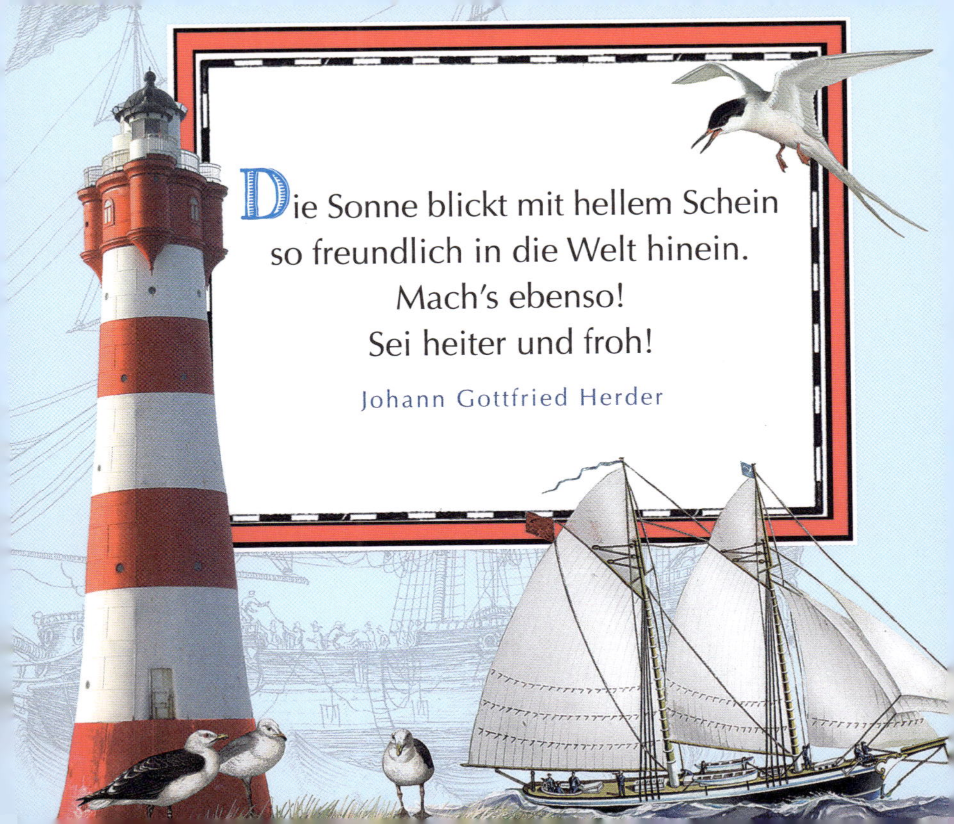

Die Sonne blickt mit hellem Schein
so freundlich in die Welt hinein.
Mach's ebenso!
Sei heiter und froh!

Johann Gottfried Herder

Sie möchten gerne lachen –
aber so tun Sie es doch.
Die Welt ist nicht zu ernst dazu.

Christian Morgenstern

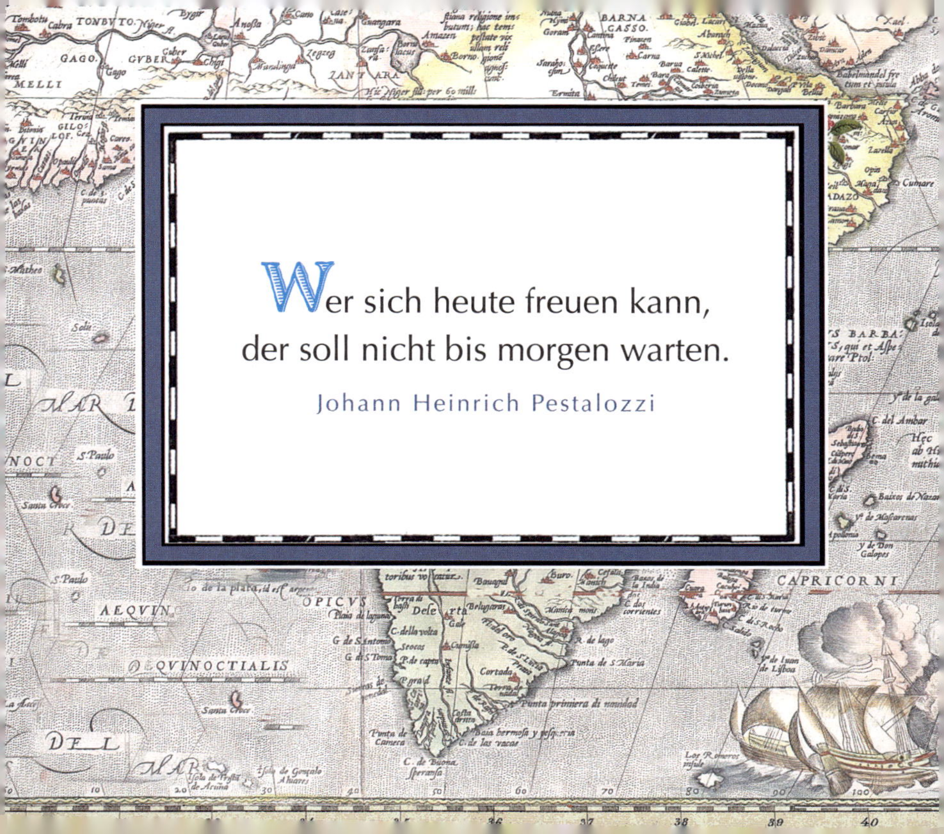

Wer sich heute freuen kann,
der soll nicht bis morgen warten.

Johann Heinrich Pestalozzi

Suche die kleinen Dinge,
die dem Leben Freude geben.

Konfuzius

Stell eine Blume
vor das Fenster dein,
so lässt sie dir keinen
bösen Gedanken herein.

Friedrich Rückert

Willst du immer weiter schweifen?
Sieh, das Gute liegt so nah.
Lerne nur das Glück ergreifen,
denn das Glück ist immer da.

Johann Wolfgang von Goethe

Du hast, vom Glück belehnt,
ein schönes Fleckchen Erde;
genieß es recht, dass dir's
ein Stückchen Himmel werde.

Friedrich Rückert

Wenn du
glücklich sein willst,
dann sei es.

Leo N. Tolstoi

Mach es wie die Sonnenuhr:
Zähl die heitren Stunden nur!

Sprichwort

Schau zurück!
Und lerne, das Leben
in Momente zu teilen,
nicht in Jahre.

Wilfred Owen

Lasst frei uns in das Leben blicken,
in Gutes uns und Schlechtes schicken,
mit Dank ergreifen, was hienieden
an Schönem, Hohem uns beschieden.
Ist so in uns die Welt gespiegelt,
ist auch der Weltgeist uns entsiegelt.

Felix Schumann

Finde dich, sei dir selbst treu,
lerne dich verstehen,
folge deiner Stimme;
nur so kannst du
das Höchste erreichen.

Bettina von Arnim

Sei du selbst
die Veränderung,
die du dir wünschst
für diese Welt.

Mahatma Gandhi

Ich wünsche dir,
dass es in deinem Leben keine
verschenkten Tage gibt,
aber viele,
die du anderen schenkst.

Irischer Segenswunsch

Willst du glücklich sein im Leben,
trage bei zu andrer Glück.
Denn die Freude, die wir geben,
kehrt ins eigne Herz zurück.

Marie Calm

Das kannst du nicht zwingen:
dass die Knospen springen,
eh die Sonne ihnen ihren Mai gebracht!
Aber dass: was hinter dir liegt,
dich nicht schreckt mehr und unterkriegt;
was Winter in dir, abzustreifen
in aller Stille … und Knospen zu reifen
und dich selbst
zum Frühling durchzuringen …
Das kannst du zwingen!

Cäsar Flaischlen

Werde, was du noch nicht bist,
bleibe, was du jetzt schon bist:
In diesem Bleiben und diesem Werden
liegt alles Schöne hier auf Erden.

Franz Grillparzer

Stilles Reifen

Alles fügt sich und erfüllt sich,
musst es nur erwarten können
und dem Werden deines Glückes
Jahr und Felder reichlich gönnen.
Bis du eines Tages jenen
reifen Duft der Körner spürest
und dich aufmachst und die Ernte
in die tiefen Speicher führest.

Christian Morgenstern

Gesundheit schmücke deine Tage,
Zufriedenheit begleite sie,
dein Leben fließe ohne Klage
dahin in schönster Harmonie.

Poesiealbumspruch

Geh deinen eigenen Weg
und dir werden Flügel wachsen.

Zen-Weisheit

Tue erst das Notwendige,
dann das Mögliche, und plötzlich
schaffst du das Unmögliche.

Franz von Assisi

Was keiner wagt,
das sollt ihr wagen,
was keiner sagt,
das sagt heraus,
was keiner denkt,
das wagt zu denken,
was keiner anfängt,
das führt aus.

Johann Wolfgang von Goethe

Glaube fest an deine Fähigkeiten,
aber nicht an die, die du haben möchtest,
sondern an die, die dir gegeben sind.

Johannes Müller

Was immer du tun kannst
oder träumst, es tun zu können,
fang damit an!
Mut hat Genie,
Kraft und Zauber in sich.

Johann Wolfgang von Goethe

Genieß die Gegenwart mit frohem Sinn,
sorglos, was dir die Zukunft bringen werde.
Doch nimm auch bittern Kelch mit Lächeln hin;
vollkommen ist kein Glück auf dieser Erde.

Horaz

260. Papaver Argemone L.
DO NO
BLOCK
EMERGENC
EXIT
Papaver dubium. 394.

Betrachte den Abend,
als müsse der Tag mit ihm sterben;
und den Morgen,
als wenn alle Dinge mit ihm
zum Leben erwachten. Von Mal zu Mal
erneuere sich dein Blick auf die Welt.
Weise ist, wer über alles staunt.

André Gide

Trudele durch die Welt.
Sie ist so schön;
gib dich ihr hin,
sie wird sich dir geben.

Kurt Tucholsky

Ich wünsch dir einen breiten Weg
und ganz wenig Steine nur.

Aus Polen

Ich wünsche,
was mein Herz laut spricht:
Sei glücklich
und verzage nicht.

Sprichwort

Tue nichts,
was dir nicht entspricht, zu tun;
wünsche nichts,
was dir nicht entspricht, zu wünschen.

Mong Dsi

Gehe nicht,
wohin der Weg führen mag,
sondern dorthin, wo kein Weg ist,
und hinterlasse eine Spur.

Jean Paul

Nur vorwärts, frisch und frei den Blick,
darfst ihn nicht trübe senken;
dir wird beschieden dein Geschick,
doch – selber kannst du's lenken.

Wilhelm Hasenclever

Wenn man mit Flügeln geboren wird,
sollte man alles dazu tun,
um sie zum Fliegen zu benutzen.

Florence Nightingale

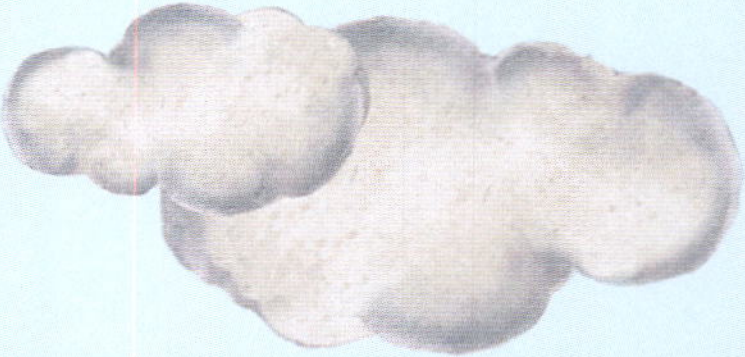

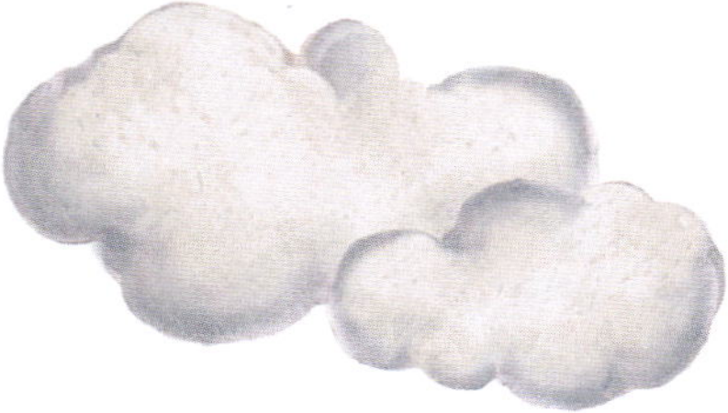

Wem nichts zu schwer ist,
dem gelingt alles.

Aus Nepal

Jeder Tag soll dir strahlende,
glückliche Stunden bringen,
die das ganze Jahr bei dir bleiben.

Irischer Segenswunsch

Heitere Tage, frohe Stunden,
viel Erfolg, mit Glück verbunden,
stets Gesundheit, Sinn zum Scherzen –
dieser Wunsch, er kommt von Herzen.

Poesiealbumspruch

Wende dich ab von den Sorgen,
überlass alle Dinge dem Schicksal;
freu dich des Guten, das heute dir lacht,
und vergiss darüber alles Vergangene.

Aus 1001 Nacht

Wirf deine Angst ab,
verlass dich auf deine inneren Hilfsquellen.
Vertraue dem Leben
und es wird's dir vergelten.
Du vermagst mehr, als du denkst.

Ralph Waldo Emerson

Deine erste Pflicht ist,
dich selber glücklich zu machen.

Ludwig Feuerbach

Wir brauchen nicht so fortzuleben,
wie wir gestern gelebt haben.
Macht euch nur von dieser Anschauung los,
und tausend Möglichkeiten laden uns
zu neuem Leben ein.

Christian Morgenstern

Bewähre dich,
sei stark, freundlich, klug,
und du hast gewonnen.

Katherine Mansfield

Säume nicht, träume nicht, wandle!
Frage nicht, klage nicht, handle!

Julius Langbehn

Wer weiß, wo dir dein Glücke blüht,
so geh und such es nur,
der Abend kommt, der Morgen flieht,
betrete bald die Spur.
Lass Sorgen sein und Bangigkeit,
ist doch der Himmel blau,
es wechselt Freude stets mit Leid,
dem Glücke nur vertrau.

Ludwig Tieck

Lebe, lache gut,
mache deine Sache gut.

Joachim Ringelnatz

Mach das Beste aus dir.
Etwas Besseres
kannst du nicht tun.

Ralph Waldo Emerson

Versuch es

Stell dich mitten in den Regen,
glaube an den Tropfensegen,
spinn dich in dies Rauschen ein
und versuche, gut zu sein!

Stell dich mitten in den Wind,
glaub an ihn und sei ein Kind –
lass den Sturm in dich hinein
und versuche, gut zu sein!

Wolfgang Borchert

Achte den Augenblick und genieße ihn,
er ist das Beste, was wir haben,
und das Einzige, was vergeht.

Weisheit der australischen Ureinwohner

Wohin du auch gehst,
geh mit deinem
ganzen Herzen.

Konfuzius

Möge dein Weg dir
freundlich entgegenkommen.
Möge die Sonne dein Gesicht erhellen.
Möge der Wind dir den Rücken stärken
und der Regen um dich herum
die Felder tränken.

Irischer Segenswunsch

Die Menschen sollen einander
bei den Händen fassen und
nicht nur gut sein,
sondern auch froh.
Die Freude ist der Sommer,
der die inneren Früchte färbt.

Jean Paul

Das Lächeln,
das du aussendest,
kehrt zu dir zurück
als Glück.

Aus Indien

Die höchste Form des Glücks
ist ein Leben mit einem
gewissen Grad an Verrücktheit.
Erasmus von Rotterdam

Versuche stets,
ein Stückchen Himmel
über deinem Leben
freizuhalten.

Marcel Proust

Aus jedem Tag
das Beste zu machen,
das ist die größte Kunst.

Henry David Thoreau

Wende dein Gesicht
immer der Sonne zu,
dann fallen die Schatten
hinter dich.

Aus Thailand

Lerne dulden und ertragen,
lern im Unglück nicht verzagen!
Wag es, frei und froh zu sein!
Auch in diesen trüben Tagen
ist ein Glück noch zu erjagen!
Wag es – und die Welt ist dein.

Hoffmann von Fallersleben

Fasse frischen Mut!
So lang ist keine Nacht,
dass endlich nicht
der helle Morgen lacht.

William Shakespeare

Ich wünsche dir, dass du
alle Tage deines Lebens lebst.

Jonathan Swift

In 20 Jahren wirst du mehr enttäuscht sein
über die Dinge, die du nicht getan hast,
als über die Dinge, die du getan hast.
Also löse die Knoten, brich auf aus dem
sicheren Hafen. Erfasse die Passatwinde
mit deinen Segeln. Forsche. Träume.

Mark Twain

Darin liegt das Geheimnis
von Glück und Tugend:
Tue gern, was du tun musst!

Aldous Huxley

Verwandle
große Schwierigkeiten in kleine
und kleine in gar keine.

Aus China

Sollte dir was widerstreben –
verschiebe es aufs nächste Leben!

Sprichwort

Und plötzlich weißt du, es ist Zeit,
etwas Neues zu beginnen und
dem Zauber des Anfangs zu vertrauen.

Meister Eckhart

Hab keine Angst vor Widerstand.
Denk daran, dass es der Gegenwind
und nicht der Rückenwind ist,
der einen Drachen steigen lässt.

Aus Schweden

Wenn es einen Weg gibt,
etwas besser zu machen:
Finde ihn!

Thomas Alva Edison

Magst alles werfen
in des Lebens Fluten,
nur eins halt fest:
die Sehnsucht nach dem Guten.

Otto von Leixner

Lasst uns immer in den
großen Traum des Lebens
kleine bunte Träume weben.

Jean Paul

Ein Häuschen aus Zucker,
aus Zimt die Tür,
den Riegel aus Bratwurst,
das wünsch ich dir.

Poesiealbumspruch

Lebe jeden Tag so,
als ob du dein ganzes Leben lang nur
für diesen einzigen Tag gelebt hättest.

Wassilij W. Rosanow

Genießen wir,
was uns der Tag beschert!
Wer weiß, ob solch ein Tag
uns wiederkehrt.

Hafis

Denke immer daran, dass es nur eine wichtige Zeit gibt:

Heute. Hier. Jetzt.

Leo N. Tolstoi

Achte gut auf diesen Tag,
denn er ist das Leben,
das Leben allen Lebens.
In seinem kurzen Ablauf
liegt alle Wirklichkeit
und Wahrheit des Daseins,
die Wonne des Wachsens,
die Herrlichkeit der Kraft.

Aus dem Sanskrit

Ich wünsche dir
langes Leben und viel Vergnügen.

Novalis

Begeistere dich für das Leben.
Das bloße Gefühl, zu leben,
ist Freude genug.

Emily Dickinson

Unsere Zeit vergeht geschwind,
nimm die Stunden, wie sie sind,
sind sie bös, lass sie vorüber,
sind sie gut, dann freu dich drüber.

Poesiealbumspruch

Der Heiterkeit sollen wir,
wann immer sie sich einstellt,
Tür und Tor öffnen;
denn sie kommt nie
zur unrechten Zeit.

Arthur Schopenhauer

Ich wünsche dir,
dass dich das Leben lehrt,
dir selbst ein guter Freund zu sein.

Irischer Segenswunsch

Ich wünsche dir viele Freunde, die alle Zeit
dir gerne zu helfen sind bereit.
Und dann wünsche ich dir – zu viel scheint es fast –,
– dass du nie ihre Hilfe nötig hast.

Albert Roderich

Fang jetzt an zu leben
und zähle jeden Tag
als ein Leben für sich.

Lucius Annaeus Seneca

Sage nicht:
Wenn ich Zeit dazu habe.
Wenn nicht jetzt,
wann dann?

Aus dem Talmud

Nimm dir Zeit zum Träumen,
das ist der Weg zu den Sternen.

Irischer Segenswunsch

Träume nicht dein Leben,
lebe deinen Traum.

Tommaso Campanella

Durchwandle froh und heiter
dein Leben Jahr für Jahr,
das Glück sei dein Begleiter,
dein Himmel ewig klar!

Volksmund

Sei ein Sonnenkind

dein ganzes Leben,
denn nur wer Sonne hat,
kann Sonne geben.

Poesiealbumspruch

Barbara Behr Edition

MIX
Papier | Fördert gute Waldnutzung
FSC® C104723

Mineralöl freie Druckfarbe

ISBN 978-3-649-65007-2

Hafenweg 30, 48155 Münster, Germany
Illustration und grafische Gestaltung: Barbara Behr
Redaktion: Katrin Gebhardt

www.coppenrath.de